DICTIONNAIRE
UNIVERSEL
DU DROIT CIVIL
FRANÇAIS.

2 VOL. *in-4°.* DE 600 PAGES AU MOINS.

Cet Ouvrage paraît par livraison de quinzaine en quinzaine : on souscrit d'avance pour un tiers; en commençant on payera 10 fr. après avoir reçu le tiers de l'ouvrage ; on payera aussi 10 fr. et 6 fr. en sus pour les frais de port de l'ouvrage entier. Le dernier paiement se fera avant de recevoir les vingt-cinq ou trente dernières feuilles.

Les personnes qui ne souscriront pas payeront chaque volume 20 fr., et 24 fr. franc de port.

La première livraison composée d'une Théorie complette de la Législation et de la Jurisprudence, se trouve chez les principaux Libraires de France. Prix, 1 fr. 50 cent., et 1 fr. 80 c. port franc. Les personnes qui l'auront achetée pourront la faire porter en déduction du prix de la souscription au Dictionnaire.

L'Auteur a fait mettre en vente cette Première Livraison, pour donner une idée exacte du travail qu'il offre au Public.

On souscrit à Paris, chez N. Renaudiere, Imprimeur-Libraire, rue des Prouvaires, n°. 564.

DICTIONNAIRE UNIVERSEL DU DROIT CIVIL FRANCAIS,

ANCIEN, INTERMÉDIAIRE ET NOUVEAU;

PRÉCÉDÉ

1°. D'une Théorie de la Législation et de la Jurisprudence ; 2°. d'une Table raisonnée des Jurisconsultes anciens et modernes qui ont été consultés ; 3°. d'un Précis historique sur les anciennes jurisdictions de France et d'un Tableau de l'étendue de leur ressort.

Par Gabriel BOURBON-BUSSET, dit LEBLANC,

Défenseur officieux près les Tribunaux de Paris, Auteur de l'*Introduction à la Science de l'Économie politique*, Membre de l'Académie de Législation, de l'Athénée des Arts, de la Société des Sciences et Arts de Paris, de la Société des Belles-Lettres de Paris et de plusieurs autres Sociétés savantes, ancien Professeur d'Économie politique et de Législation générale à l'Athénée des Étrangers.

TOME PREMIER.

A PARIS,

Chez N. RENAUDIERE, rue des Prouvaires, n°. 564, près celle du Contrat-Social.

An XII. — 1804.

AVERTISSEMENT.

Pour se convaincre de l'utilité de cet ouvrage, il suffit de reconnaître, avec tous les Jurisconsultes, une vérité frappante ; c'est que l'étude du Droit français est aujourd'hui beaucoup plus étendue qu'elle ne le fut jamais ; et que l'on ne peut parvenir à surmonter les obstacles qu'elle présente qu'en offrant sous un seul point de vue toutes les variations qu'elle a subies. En effet, elle se compose,

1°. Du Droit écrit, autrement du Droit romain ;

2°. Du Droit coutumier ;

3°. Des Ordonnances ;

4°. De la Jurisprudence des arrêts ;

5°. De la Législation intermédiaire de la révolution et de son interprétation par les jugemens du tribunal de cassation ;

6°. Des dispositions du Code civil.

Il faut donc connaître parfaitement ces divisions pour répondre aux difficultés qui peuvent se présenter. La solution dépendra nécessairement du lieu et de la date de la souscription de l'acte ou de l'époque à laquelle le droit invoqué s'est ouvert. Par exemple : le père, dans le droit romain, succède à ses enfans, concurremment avec les frères et sœurs germains. (Novelle 118, c. 2.) Les pères et mères, en cas de prédécès de leurs enfans sans postérité, succèdent à la propriété des meubles et des acquêts, ainsi qu'à l'usufruit des conquêts-immeubles. (Cout. de Paris, art. 311, 313, 314 ; Coutume d'Anjou, art. 254, 288 ; Coutume du Mans, art. 237.) Les ascendans ne succèdent qu'à défaut de frères ou de sœurs ou de descendans. (Loi du 17 nivose an 2, art. 69, 75, 76.) Les ascendans succèdent, à l'exclusion de tous autres, aux choses par eux données à leurs enfans ou descendans décédés sans postérité , lorsque ces objets se trouvent en nature dans la succession. (Code civil, art. 747.) Voilà donc quatre manières de juger la même question.

Faudra-t-il oublier ensuite les différences qui existent dans ces sortes de codes généraux ? Ne faudrait-il pas distinguer dans le Droit romain les *Institutes*, qui sont les élémens du droit ; le *Digeste*, qui n'est qu'un répertoire de consultations et de décisions particulières ; le *Code* et les *Novelles* qui contiennent les lois impériales ? Oublierons-nous, quand il s'agira des lois françaises, que la justice dans l'ancien royaume était administrée par treize parlemens et deux conseils souverains ; que cette justice était réglée par soixante coutumes générales et plus de trois cents coutumes particulières ? Négligera-t-on, lorsque les ordonnances seront invoquées , de dire si elles ont été enregistrées entièrement ou en partie par la cour souveraine dont ressortait le lieu où les actes discutés ont été consommés, etc. ? Enfin, dans le cas où le sens des ordonnances, des Coutumes ou du Droit écrit sera incertain , ne faudra-t-il pas l'expliquer par la jurisprudence constante des arrêts ?

Non, sans doute ; et c'est en exécutant avec autant de précision que d'exactitude toutes les parties de ce travail que nous espérons faire distinguer le *Dictionnaire universel de Droit civil*.

DICTIONNAIRE

DICTIONNAIRE
UNIVERSEL
DU DROIT CIVIL
ANCIEN, INTERMÉDIAIRE ET NOUVEAU.

THÉORIE
DE LA LEGISLATION
ET DE LA JURISPRUDENCE GÉNÉRALE,
SERVANT DE DISCOURS PRÉLIMINAIRE.

CHAPITRE PREMIER.

De la vérité en matière de législation.

LA vérité est ce qui est (1) ; mais pour constater qu'une chose existe véritablement, il faut s'armer du flambeau de l'expérience ou de l'autorité des témoignages. Ainsi, pour établir en fait que cette fleur au parfum si doux, aux contours si gracieux, est une rose, on recueille les opinions des naturalistes qui ont tracé les caractères qui la distinguent ; ainsi, pour s'assurer que Barington (2) est coupable, le juge interroge le tems, le lieu, les personnes.

_____

(1) Ego sum qui sum.

(2) Fameux voleur anglais qui fit rentrer dans le devoir les déportés qui voulaient se révolter sur le bâtiment où il était conduit.

1

Celui qui tente d'appliquer le résultat des faits à la législation suit une autre marche ; il doit appuyer les considérations qu'il présente non seulement sur le témoignage matériel des choses, sur l'assertion des écrivains, mais encore sur l'autorité de l'expérience, ainsi que sur une grande défiance de lui-même et des autres.

La vérité, en cette matière, est bien plus difficile à saisir : les historiens mal instruits ou dirigés par des motifs honteux mettent souvent des systêmes ou des écrits mensongers à la place des faits ; souvent aussi un retour fréquent sur nous-mêmes nous pousse, sans que nous nous en doutions, à adopter des opinions erronées et funestes, parce que ces opinions intéressent nos passions.

Mais si la science de la législation est difficile, c'est sur-tout lorsqu'il faut l'appliquer aux nouvelles institutions.

Il serait utile d'avoir les avis profondément médités des hommes sages ; il faudrait que chaque législateur fît une sorte d'abnégation de lui-même. Il en est autrement, et presque toujours l'admission ou le rejet d'une loi devient une affaire de parti.

Défions-nous donc et des autres et de nous-mêmes ; défendons-nous de la présomption inconsidérée qui prétend tout réduire en systême ; gardons-nous de cette manie des innovations qui veut, à quelque prix que ce soit, ériger en monumens de folie ou d'erreur, tout ce que nos ancêtres nous ont transmis ; repoussons un ennemi qui n'est pas moins dangereux, la routine qui, dans sa lâche torpeur, rampant toujours sur les mêmes traces, ne reconnaît le bien que dans le produit des siècles écoulés.

Pour former des lois il ne suffit pas d'avoir un esprit hardi, une imagination brillante, un savoir profond dans une des parties de l'administration publique ; il faut savoir ramener à un ensemble parfait toutes les divisions de l'ordre social, en saisir tous les rapports, en calculer tous les résultats. Au lieu d'interroger les hommes que les passions agitent, les doctrines que la prévention, l'ignorance ou la mauvaise foi ont trop souvent publiées, il faut examiner la nature et la suite des faits ; il faut consulter l'expérience, et particulièrement celle qui nous est propre. C'est pour n'avoir pas accueilli ce principe que le premier projet de code civil français a été si avantageusement combattu. Citons un exemple.

Les rédacteurs du premier projet de code ont dit, *le droit de propriété finit avec la vie du propriétaire Et, sur des biens vacans par la mort du propriétaire, on ne voit d'abord d'autre droit, proprement dit, que le droit de l'Etat* (1).

La conséquence de ce principe est que le souverain arbitre des propriétaires est l'Etat; conséquence qui bannit toute idée raisonnable en économie politique, en même-tems qu'elle détruit toute notion de liberté publique.

En effet, de même que la peuplade est composée de plusieurs familles et la nation de plusieurs peuplades; ainsi, tous les biens de l'Etat viennent de la réunion des richesses qui appartiennent aux familles, aux peuplades, à la nation. C'est dans la famille qu'est né conséquemment le premier titre de propriété, et non pas dans l'Etat qui est fils de la famille ; lorsque l'Etat succède dans le cas où des biens restent sans propriétaire indiqué par la filiation, c'est parce que l'ordre de la société a voulu que ce qui n'appartenait spécialement à personne, appartînt à tous (2).

Le danger du système avancé par les auteurs du code a été facilement senti : on a vu qu'il donnerait au gouvernement qui, *par le fait* ou *par le droit*, représente la volonté générale, le pouvoir de déclarer que toutes les propriétés lui appartiennent. Que serait devenue, dans ce cas, la liberté publique ? Quel serait le refuge du citoyen courageux qui oserait opposer résistance à un acte illégitime ? Quels fruits amers n'aurait pas recueilli la France de cette révolution qui lui a coûté tant de larmes, de sang et de trésors !

Je sais qu'on opposera que ce système était admis dans la législation romaine ; mais chez les Romains il était une conséquence de la division de l'Etat en familles patriciennes et en familles plébeyennes. Les Romains n'avaient pas, comme les Français, un

---

(1) Projet du Cod. Civ.

(2) Voyez pour le développement de cette doctrine, l'excellent ouvrage de M. de Montlosier, intitulé : *Observations sur le projet de Code civil.*

système représentatif : la liberté romaine n'était en effet autre chose que la faculté accordée à un grand nombre de faire le mal impunément. Aussi vous voyez cette Rome orgueilleuse déchirer ses rois, couvrir la terre de meurtres et de ruines ; s'enivrer de sang et d'or ; se livrer à César, à Marius, à Sylla, et terminer son existence et son histoire en expirant honteusement dans les bras des Empereurs.

Voudra-t-on appliquer les lois romaines ? Mais à quelle époque les prendra-t-on pour guide ? Sera-ce à celle des douze tables ? le vol sera puni de la peine capitale. Sera-ce au tems des décemvirs ? les auteurs satyriques subiront la même peine. Nous placerons-nous sous la loi Porcia ? aucun citoyen ne pourra être mis à mort.

Avec Sylla l'eau et le feu seront interdits pour presque tous les délits : Avec César nous confisquerons les biens ; avec les Empereurs, les premières personnes de l'Etat n'éprouveront que des peines légères, les personnes d'un rang intermédiaire les recevront plus rigides ; la multitude sera placée sous une verge de fer. Si nous suivons Maximin, les croix, les expositions aux bêtes féroces, les étouffemens dans des peaux de bêtes récemment tuées, seront indiqués dans le Code criminel.

A qui accorderons-nous la puissance de juger ? Sera-ce aux chefs de l'Etat (1) ? Sera-ce à des décemvirs (2) ou à des centumvirs ? Verrons-nous quelque nouveau Brutus condamner ses fils ? Appius Claudius sortira-t-il de sa tombe pour insulter de nouveau aux larmes de Virginie ? Et quand il s'agira de réformer nos lois, faudra-t-il qu'un Papirius (3) nous rende, par l'horreur qu'inspire son crime, la liberté civile, comme celui de Sextus (4) rendit à Rome la liberté politique ?

A la Chine on fait périr dans les supplices les voleurs assassins

---

(1) Tite-Live, Ire décad. liv. 2, pag. 19. Denis d'Halycarn., l. 2, p. 6-7, id. 647. Les rois, les consuls, et après ceux-ci, les préteurs exercèrent la magistrature.

(2) D. 2, ff. 24, ff. de orig. jur. des décemvirs présidaient aux jugemens sous la direction d'un préteur.

(3) Cet usurier attenta à la pudicité d'un jeune homme nommé Publius qu'il retenait pour dettes.

(4) C'est celui qui voulut violer Lucrèce.

et cruels : en Angleterre, le brigand qui n'assassine pas, a l'espoir
d'être transféré dans les colonies : à Rome on permettait à l'accusé
de s'exiler avant le jugement (1). Il est possible sans doute de
profiter en cela de l'expérience des Chinois, des Anglais et des
Romains.

Les Lacédémoniens avaient fixé à dix mille le nombre des individus qui devaient voter dans l'assemblée du peuple, parce qu'ils
craignaient que la minorité factieuse ou inconsidérée fît des réglemens nuisibles à l'Etat : l'adoption en totalité de cette loi est
impossible en France ; mais l'on peut l'utiliser en fixant le nombre
auquel les membres des colléges électoraux seront tenus de se réunir pour rendre leurs délibérations légales.

A Rome, les arrêts du sénat avaient force de loi pendant un an ;
ils ne devenaient perpétuels que par la volonté du peuple. On
pourrait se servir sans doute de ce moyen de sanctifier les lois : mais
il faudrait que, maniés par des mains habiles, ces divers réglemens que l'on imprégnerait, en quelque sorte, du caractère national fussent offerts comme complémens et non comme bases de
la législation.

En prenant un juste milieu, sans se traîner servilement sur les
traces des autres peuples, il faut méditer attentivement les moyens
de perfection que les législateurs de tous les tems peuvent fournir ;
il faut savoir, par un examen approfondi, choisir et s'approprier ce
dont l'expérience a prouvé la bonté, en repoussant l'idée de porter
dans les lois l'esprit de philosophisme qui accompagne aujourd'hui
toutes les sciences. En effet, s'il est dangereux de s'appliquer des
codes, sous le prétexte frivole qu'ils ont appartenus à des peuples
sages, il ne l'est pas moins d'adopter des doctrines parce que des
hommes célèbres les ont publiées. Il ne faut pas croire non plus
si légèrement ces écrivains qui se vantent de philosophie.

A toutes les époques, dans tous les lieux, les hommes qui se
sont prétendus philosophes, ont été des charlatans ou des insen-
sés (2) : ceux qui le sont véritablement sont simples et modestes ;

---

(1) Cic. orat. pro Cæcinnâ, à la fin.

(2) Qui se ipsum habet pro sapiente, habent eum deus et homines pro ignaro. Sent. arab. V.
Erpenii gramm. arab.

ils aspirent à ce titre glorieux et ne se le donnent pas eux-mêmes. Socrate et Caton ne se glorifièrent jamais d'être philosophes.

Si, malgré l'opinion de Platon, il n'est pas raisonnable de prétendre que la monarchie est préférable au despotisme, par la raison seule que le bonheur d'un roi légitime est avec celui d'un tyran, comme 1 à 324, il ne l'est pas plus de parcourir le vague des abstractions *transcendantes* de la métaphysique, et de s'appésantir sur la distinction *du droit parfait* et *du droit imparfait* (1).

Il le serait encore moins de dire avec l'auteur tant vanté du divorce au dix-neuvième siècle, que *dans la parole divine c la raison humaine, comme dans la parole du père est la raison de l'enfant; que de-là vient qu'en grec, parole et raison s'expriment par le mot* λoγos, *et que l'homme n'aurait pu de lui-même raisonner, puisque lui-même il n'aurait pu parler.*

Il faut reléguer sur les bancs de l'école ce néologisme qui a réussi trop souvent à envelopper la vérité d'un voile impénétrable. Il faut admettre ce qui est bon, parce qu'il est bon; rejetter ce qui est mauvais, parce qu'il est mauvais, et reconnaître que les hommes les plus distingués cessent d'être des philosophes du moment qu'ils s'éloignent de ce qui est bon, de ce qui est beau, de ce qui est vrai.

Comme l'a dit Tertullien : Diogène qui foule avec ses pieds sales l'orgueil de Platon par un orgueil d'une autre espèce; Pythagore qui se couvre du manteau de la modestie et veut se faire roi des Thuriens; Zénon qui veut l'être des Priéniens; Lycurgue qui se laisse mourir de faim parce que les Lacédémoniens ont osé corriger ses lois; Anaxagore qui refuse à ses hôtes la restitution d'un dépôt; Aristote qui fait des bassesses pour devenir le précepteur d'Alexandre; Platon qui vend sa liberté à Denis le tyran pour avoir une meilleure table, et Hippias tué en trahissant ses concitoyens, cessèrent de mériter, à ces époques, le nom de philosophes.

La philosophie est indépendante des hommes, des lieux et des circonstances; elle n'appartient à aucune secte; elle n'a pas besoin

---

(1) Wattel. p. 12. t. Ier.

de sectaires ; ses armes sont la beauté de ses principes, la bonté de sa morale, la vérité qui l'accompagne toujours.

Livrons donc à la verge d'Horace (1) et au mépris de Cicéron (2) cette tourbe insensée qui tente d'avilir la philosophie en la professant comme un métier.

Occupons-nous des choses et non des mots, des principes et non du crédit dont jouissent ceux qui les ont avancés ; choisissons ce qui est bon, de quelque part qu'il vienne.

Que ce soit Appollon ou un simple mortel qui ait écrit dans l'île de Délos, que, *de toutes les choses, la plus belle est la justice, la plus utile la santé, la plus agréable la possession de ce qu'on aime :* que ce soit par la bouche de Carnéades que cette maxime soit venue, *si l'on savait qu'un ennemi vînt s'asseoir sur l'herbe qui cache un aspic, on serait un malhonnête homme de ne point l'en avertir, quand même notre silence ne pourrait pas être repris publiquement :* qu'un Persan, un Grec ou un Romain ait dit aux hommes de faire à leurs semblables tout le bien qu'ils voudraient qu'on leur fît à eux-mêmes ; peu importe : mais il faut reconnaître à ce caractère auguste et sublime la philosophie et, sur-tout, ne point admettre une chose comme belle, bonne ou vraie parce que son auteur a conquis une certaine autorité ; *amicus Plato, sed magis amica veritas,* comme l'a dit Tacite, *j'aime Platon, mais j'aime encore mieux la vérité.*

Quand l'auteur de l'Esprit des lois disait : *Abolissez dans une monarchie les prérogatives des seigneurs, du clergé, de la noblesse et des villes, vous aurez bientôt un état populaire, ou bien un état despotique* (3), il consacrait une vérité : quand il a dit : *Le peuple est admirable pour choisir ceux à qui il doit confier quelque partie de son autorité* (4), *la propriété des grands états est d'être dominée par un despote* (5), il avançait des principes dont l'histoire

---

(1) *Ad summum sapiens uno minor Jove, dives*
  Liber, honoratus, pulcher, Rex denique Regum
  Præcipuè sanus est : nisi cùm pituita molesta est. H. Ep. 1.

(2) Nescio quomodo nihil tam absurdè dici potest quod non dicatur ab aliquo philosophorum. Cic. de divin. L. 2.

(3) L. 2, c. IV. — (4) L. 2, c. 2. — (5) L. 5, c. 20.

et la révolution française ont fait voir la fausseté ; il a prononcé la maxime la plus impoftante lorsqu'il a soutenu qu'il *ne suffisait pas qu'il y eût dans un gouvernement des rangs intermédiaires, qu'il y fallait encore un dépôt des lois, et que ce dépôt ne pouvait être que dans les corps politiques qui annoncent les lois lorsqu'elles sont faites et les rappellent lorsqu'on les oublie* (1).

Ce dépôt des lois, nous osons le dire, doit se trouver principalement dans l'ame des citoyens ; et leur ame ne sera formée à le respecter qu'autant que le législateur aura su organiser la famille et l'éducation des individus.

On ne parviendra pas sans doute à atteindre ce but aussi utile que glorieux, en s'occupant péniblement à entasser des extraits sur des extraits, à comparer des codes ou à mettre en parallèles les nombreux ouvrages des législateurs anciens et modernes ; le seul moyen de succès est de partir d'idées simples ; de tracer les divisions d'après les règles que l'ordre essentiel des choses indique ; d'épurer chacune des parties de son plan par le rapprochement des faits qui garantissent la bonté de l'institution que l'on se propose de former.

Comme l'ont fort bien remarqué les auteurs du premier projet de Code civil des Français, les codes ne se font pas, ils s'établissent peu-à-peu, et par une longue suite d'années d'épreuve. Les lois qui sont bonnes demeurent ; celles qui sont le fruit de l'erreur, de l'impéritie ou de la tyrannie, sont frappées par la main invisible et vengeresse du tems.

Marchons donc à la recherche des principes de la législation avec le flambeau protecteur de l'expérience ; réunissons tout ce que les anciennes lois nationales présentent d'utile ; persuadons-nous bien qu'elles seront meilleures que celles des Romains et des Grecs, parce qu'elles ont pris la teinte des mœurs publiques.

Concluons que, sans nous embarrasser ni des peuples ni des hommes qui ont découvert ou fait briller des vérités utiles, nous aurons tracé la théorie exacte de la législation, si les principes généraux que nous aurons exposés sont confirmés par les dispositions législatives que le tems a consacrées et maintenues.

____

(1) L. 1. . . 4.

CHAPITRE

CHAPITRE II.

De la nécessité de fonder les lois sur la connaissance certaine des moyens de satisfaire aux besoins physiques de l'homme, avant de s'occuper des lois qui doivent le diriger, comme étant un être intelligent.

Une première vérité, et sans doute la plus importante, c'est que la destinée de l'homme, d'après l'ordre esssentiel de la nature, est d'arriver à la jouissance physique et morale de tout le bonheur dont il est susceptible.

Plus favorisé que les animaux qui, dans l'impuissance de communiquer des pensées ou des souvenirs, ont une destination fixe et une intelligence limitée, l'homme, par le don précieux de la parole (1), par la facilité qu'il a de réunir en un seul faisceau toutes les connaissances acquises, s'empare des conseils du passé pour s'élever à un degré de perfection dont il est impossible d'indiquer ni la nature ni les limites.

Entraver les moyens qui doivent le conduire à la perfection est donc un crime, non-seulement envers l'homme, mais aussi envers la nature dont les dispositions bienfaisantes sont contrariées.

Quelques législateurs de l'antiquité et tous les législateurs modernes semblent avoir adopté une opinion diamétralement contraire à ce principe : au lieu d'examiner l'homme comme animal et ensuite comme un être intelligent, ils ne l'ont considéré que sous ce dernier aspect ; était-ce par cette fatalité cruelle qui nous fait souvent chercher le bonheur loin des lieux où il se trouve ? était-ce parce que les gouvernemens craignaient le caractère indépendant d'hommes au-dessus du besoin ? Prétendaient-ils, ces législateurs, en répandant de fausses doctrines, en plaçant l'homme dans une sphère

---

(1) **M. Herrenschwand** prétend que c'est à la simple faculté imitative et délibérative que l'homme doit sa supériorité. Voyez de l'Econ. pol. de l'Esp. Hum. Aristote avait eu la même idée. Voyez sa politique.

qui ne lui convenait point, trouver dans l'individu que leurs lois avaient réduit à la misère, une conscience plus souple? croyaient-ils que l'homme qui se livre à la manie des spéculations métaphysiques, serait un instrument utile pour servir leurs passions? auraient-ils spéculé sur les malheurs, les désordres et les crimes?

La terre n'est pas tout-à-coup devenue inféconde, et cependant des vieillards, des femmes, des enfans expirent de faim! La terre ne repousse pas le bras du cultivateur, et cependant les champs d'une grande portion du globe sont incultes! Les trésors de la terre, les végétaux, ne sont point épuisés; les races des animaux qui peuvent servir à la nourriture de l'homme ne sont point anéanties; et cependant les hommes et les gouvernemens ne songent qu'à se procurer des métaux qui ne peuvent remplir aucuns des besoins de la vie!

Les livres sont pleins des moyens de punir les crimes; les lois sont faites, les cachots sont ouverts, les échafauds sont dressés, les bourreaux sont prêts; où sont les sages mesures que ces prétendus amis de l'humanité, ces gouvernemens paternels ont prises pour empêcher les crimes, pour fermer les cachots? où sont les précautions bienfaisantes qui rendront les échaffauds inutiles et banniront les bourreaux? qu'a-t-on fait pour empêcher les peuples et les hommes de s'entre-déchirer?

Entre les peuples on a placé la guerre. Le meurtre a été transformé en vertu, le pillage en noble audace. On a parlé aux hommes de systêmes religieux et politiques; on leur a dit de se haïr et l'on a vû des Catholiques, des Mahométans, des Calvinistes se détester, se poursuivre, se déchirer sans se connaître; on a vu l'Egypte se battre contre ses rois pour subir le joug des complices de Psammétique, immoler ceux-ci pour reprendre des Rois; on a vu les Romains s'entre-égorger pour se soumettre tour-à-tour à des rois, à des décemvirs, à des Empereurs. Après avoir fatigué l'homme par une multitude de systêmes, on a porté son imagination vers les idées spéculatives; c'est alors qu'il s'est méconnu lui-même; c'est alors que le délire a remplacé la raison; c'est alors que l'homme victime du besoin, fatigué par de perpétuelles chimères, est devenu le plus féroce des animaux,

Ces désordres sont trop grands sans doute pour qu'on puisse espérer de les prévenir tous, mais la législation peut en diminuer le nombre.

En la plaçant sur ses véritables bases, en considérant l'homme d'abord dans ses besoins physiques, ensuite dans ses besoins moraux, on pourra, par elle, atteindre une partie de ce but important : c'est ce que je vais m'efforcer de prouver.

L'homme doit être considéré sous deux rapports, comme animal et comme être intelligent.

Sous le premier rapport, il suit le sort de tous les autres animaux, rien ne peut le détourner de la véritable fin à laquelle l'ordre immuable des choses veut qu'il tende ; sous le second, il peut devenir tout ce que les lois voudront, si ces lois sont fondées sur une connaissance certaine de ses besoins, de ses facultés, de ses penchans.

Dans quelques climats que vous considériez l'espèce humaine ; quelle que soit la division que vous adoptiez pour en distinguer les races ; par-tout la vie de l'homme se partage en quatre époques : l'enfance, la jeunesse, l'âge viril, la vieillesse ; quatre besoins occupent ces périodes, *se nourrir, se loger, se vêtir, se propager.*

La perfection de la législation en ce qui touche la nature physique de l'homme, est donc de déterminer les moyens de satisfaire pleinement à ces besoins.

Pour être parfaitement remplis, ces besoins de l'homme sont subordonnés à la population dont l'accroissement en agrandissant toujours le cercle des consommateurs, ajoute un nouveau motif au travail, une nouvelle force à l'industrie et donne un nouvel élan au génie des arts utiles.

En effet, l'intelligence de l'homme s'étend à mesure que la société devient plus nombreuse et plus intime ; comme chacun en apportant une portion de ses moyens physiques augmente la force du corps social, de même chacun en apportant ses moyens moraux contribue au développement d'une intelligence plus grande.

Ainsi, arrêter la population, c'est borner l'intelligence humaine ; l'encourager, c'est diriger l'homme vers sa perfection ; c'est le conduire à tout le bonheur dont il est susceptible.

CHAPITRE III.

De l'homme considéré dans ses besoins physiques.

L'homme éprouve des besoins naturels, et il s'en crée lui-même : les premiers ont des limites, les autres n'en ont point ; pour satisfaire les uns et les autres l'homme emploie, ou les produits de la nature seule, ou les produits de la nature aidée par l'art.

Cette distinction conduit à la classification des peuples, 1°. en peuples chasseurs et pêcheurs, qui vivent des productions de la nature seule, telles que la chair des animaux aquatiques ou terrestres. 2°. En peuples *pasteurs*, qui commencent le premier degré de perfection pour la population, parce qu'ils développent des moyens continuels de production et de reproduction, qu'ils engraissent et bonifient la terre par le séjour des animaux parqués, multiplient conséquemment les végétaux, et augmentent par le soin qu'ils en prennent eux-mêmes le nombre des animaux dont le lait ou la chair sert à leur nourriture.

3o. En peuples *cultivateurs*, qui exerçant leur industrie sur la multiplication des végétaux, ont une grande supériorité sur les peuples chasseurs et pasteurs, parce qu'ils peuvent en quelque sorte faire naître leur subsistance par-tout où ils le veulent.

L'histoire des peuples, considérée sous ces trois points de vue, prouve que l'élément de la population est la nourriture ; que l'espèce humaine multiplie en raison de la quantité, de la bonté de cette dernière ; que si la procréation paraît être sans bornes, la nourriture a des limites fixes, et que tant que la procréation n'a pas atteint ces limites, l'espèce humaine est susceptible de multiplication.

Il en résulte aussi comme vérité démontrée, que la population des peuples chasseurs et pasteurs, est le plus bas degré de multiplication, de force et d'intelligence.

La population est limitée physiquement et moralement ; *physiquement*, lorsque l'espèce humaine est arrivée au point de consommer dans la plus grande proportion toute la nourriture possible ; *moralement*, lorsque des obstacles nés de la législation, des coutumes ou du culte , empêchent la procréation.

Dans le premier cas , on peut obvier par le système de colonisation à l'excès de la population , qui finirait par absorber toutes les subsistances et à condamner la nation à la pénurie ; dans le second cas, il s'agit de repousser courageusement les lois, ordonnances , coutumes ou cultes , qui contrarient la population.

Les nations agricoles se partagent en trois classes : *celles* où les terres divisées entre les familles, sont cultivées séparément, comme autre fois à Rome ; *celles* où les terres n'appartiennent qu'à une partie des familles et que le reste de la nation réduit à l'esclavage est forcé de cultiver comme autrefois à Lacédémone , en Thessalie , en Crète , en Egypte , et aujourd'hui en Russie , en Valachie et en Moldavie ; *celles* où les terres sont à une partie des familles qui cultivent elles-mêmes et établissent un système d'échange avec l'autre portion de la nation vouée au travail des manufactures.

Ce dernier système, dont l'expérience a justifié la supériorité, est adopté dans presque toute l'Europe et conduit au Commerce qui se distingue, en commerce intérieur et en commerce extérieur.

Mais comme l'un et l'autre se font, ou avec des matières brutes, ou avec des objets manufacturés ; comme ils se font par l'importation ou par l'exportation ; l'homme d'Etat doit veiller à ce que l'importation des substances exotiques consiste préférablement en matières brutes et qu'elle n'ait lieu que pour des objets d'une utilité positive.

Il doit veiller à ce que l'exportation se compose au contraire des objets manufacturés et des substances indigènes d'une utilité moins grande.

Il doit enfin prendre pour base le commerce intérieur , parce que celui de l'extérieur peut être tout-à-coup suspendu et même anéanti par des causes qu'il ne peut pas prévoir.

En effet, si le commerce extérieur prend des forces trop grandes , il absorbera tous les capitaux nécessaires à l'agriculture , au développement de l'industrie nationale et du commerce intérieur. Une seule guerre en interrompant le cours des relations commerciales paralysera toutes les manufactures et conduira la nation au dernier degré d'indigence. Si au contraire le système d'Economie politique a pour base l'agriculture, la population et les manufactures, il en résultera des ressources intarissables.

Une observation importante à faire à ce sujet, c'est que la nation qui a adopté le commerce extérieur voit constamment sa destinée dépendre des événemens, tandis que celle qui prend pour base l'agriculture ou les manufactures et par conséquent le commerce intérieur, est dans une indépendance absolue.

Concluons que le système d'Economie politique basé sur l'encouragement de l'agriculture, les manufactures et la population, est le seul qu'on doive adopter.

Concluons que les ressources, le crédit et la puissance de la nation seront d'autant mieux assurés, que l'on aura avec plus de soin dirigé les manufactures, d'abord vers les objets d'utilité locale, ensuite vers ceux qui sont dans le cas de l'exportation.

Concluons que pour obvier à tout inconvénient, le législateur ne doit laisser prendre d'essor au commerce extérieur qu'autant que celui de l'intérieur est saturé de capitaux et qu'il doit disposer le développement de la force publique de telle sorte que, *soit en paix*, *soit en guerre*, le commerce extérieur qu'il a permis, soit inviolablement maintenu.

Et qu'on ne croie pas qu'en exigeant que le commerce intérieur soit saturé de capitaux, je veuille poser en principe que la réunion des masses considérables de numéraire soient l'exclusive source de la prospérité pour le commerce. Je pense au contraire que la petite quantité de numéraire circulant ne saurait nuire à l'activité du commerce ; car le papier remplace utilement les métaux. Mais, (une triste expérience nous l'a démontré,) il faut que ce papier ait pour hypothèque des valeurs positives ; il faut qu'il soit appuyé sur une confiance sans bornes dans la stabilité du gouvernement ; il faut qu'il soit appuyé sur la certitude que le gouvernement peut et veut remplir avec fidélité les engagemens qu'il contracte ; il faut aussi que l'on trouve constamment à échanger ce papier contre des valeurs certaines. C'est alors que la nation qui a peu de valeurs métalliques, aura véritablement acquis la puissance de faire un commerce très-actif et très-étendu (1).

Ces principes ont été méconnus par les législateurs modernes, parce qu'ils n'ont pas remarqué que la population, l'agriculture et le commerce intérieur étaient les seules sources de prospérité, opinion justifiée par les légisteurs les plus célèbres de l'antiquité et par les faits les plus positifs.

Si Lacédémone s'est marqué une place distinguée dans l'histoire, n'est-ce pas parce que ses lois constitutives avaient pour base la population (2) et l'agriculture? En exemptant de la garde le citoyen qui avait trois enfans, en dispensant de toute charge publique celui qui en avait quatre, en n'admettant point de trésor-public, en portant les hommes par le sentiment de l'intérêt personnel à l'exécution des lois et présentant pour résultat de son système, d'un côté un peuple riche en hommes et en productions, de l'autre un gouvernement dépourvu d'espèces métalliques, Lycurgue assurait l'indépendance de sa nation; il servait la morale et l'humanité. En effet, le gouvernement, quelque perfides qu'en fussent les chefs, aurait-il pu corrompre des hommes plus riches que lui, en ce qu'ils n'éprouvaient aucuns besoins? L'étranger pouvait-il prétendre soumettre facilement un peuple laborieux et nombreux? Le spartiate, porté au travail par l'exemple et la nécessité, pouvait-il partager les crimes qui affligent les peuples livrés aux arts frivoles? Et pouvait-il n'être point heureux, puisque tous ses besoins physiques étaient pleinement satisfaits? Non sans doute.

En n'admettant l'égalité qu'entre les propriétaires fonciers, Phaléas de Chalcédoine fondait ses lois sur l'agriculture; Hyppodamus de Milet en divisant les citoyens en trois classes, les *laboureurs*, les *artisans* et les *soldats*, prenait pour appui l'agriculture et le commerce intérieur, et c'est dans le même esprit qu'une loi

---

(1) C'est sur cette théorie qu'est fondée la banque d'Angleterre. Les inconvéniens qu'elle présente, dans la pratique, peuvent facilement disparaître.

(2) Il ne s'agit ici que des Spartiates. On sait avec quelle barbarie on arrêtait la multiplication des ilotes.

défendait à Locres de vendre ses immeubles, à moins de justifier des circonstances malheureuses qui y forçaient ; c'est dans le même esprit qu'en France, d'après les anciennes coutumes, les biens propres à la famille étaient inaliénables sans le consentement de l'héritier présomptif, ou sans nécessité jurée, ou sans rapporter la preuve qu'on les remplacerait par d'autres acquisitions. Telle fut, sans doute, l'origine du retrait lignager.

Revenons aux législateurs grecs. Si les constitutions de Milet, si celles de Crête par Minos et plusieurs autres furent anéanties, quoique reposant sur l'agriculture, c'est que, par un faux systême, et croyant que la liberté ne pourrait survivre à l'augmentation de la population, ou se défiant de la sagesse et de la force des hommes qui pourraient gouverner dans la suite, ces philosophes déterminèrent le nombre des citoyens et foulèrent aux pieds les droits de la nature, soit en encourageant la pédérastie, soit en ordonnant des massacres périodiques.

Aussi, des 158 constitutions analysées par Aristote, reste-t-il à peine le souvenir de leur existence.

En vain Platon a-t-il présenté les maximes sublimes, dont ses ouvrages sont remplis ; en vain Solon s'efforça-t-il de fondre habilement les diverses espèces de gouvernement, dans la constitution athénienne ; en vain y trouvait-on l'*olygarchie* dans l'aréopage, l'*aristocratie* dans le mode d'élection des magistrats, la *démocratie* dans la forme des tribunaux ; en vain Philolaüs de Corinthe ordonna-t il de conserver les héritages en nombre égal : ces spéculations s'évanouirent comme un songe ; et l'histoire de la Grèce n'offre qu'une longue énumération de systêmes détruits, une liste de royaumes sans force, un catalogue de polyarchies qui, fugitives et désastrueuses comme l'éclair suivi de la foudre, ont brillé pour ne laisser que de misérables ruines.

Voyez au contraire les Chinois, les Egyptiens, les Assyriens, les Perses, les Romains et les Russes ! leurs premiers pas ne sont point dirigés par des Rhéteurs ; ils ne se livrent pas à la manie des systêmes ; mais guidés par la nature, ils cherchent et trouvent de quoi se nourrir, se loger, se vêtir, se propager. Aussi tant que ces

quatre

quatre objets fixent l'espèce et le motif de leurs travaux, présentent-ils des masses imposantes d'hommes heureux.

Les Egyptiens n'ont pas laissé de livres, mais quand même nous n'aurions pas leurs lois que les Grecs nous ont transmises; quand ces lois ne prouveraient pas que leur puissance fut appuyée sur l'encouragement de la population, de l'agriculture et du commerce intérieur, leurs pyramides déposeraient pour cette vérité ; un peuple, pour construire des monumens aussi immenses, avait né-cessairement beaucoup de bras, et beaucoup de tems disponible ; s'il avait beaucoup de bras, il était nécessairement très-populeux ; s'il avait beaucoup de tems disponible, il éprouvait donc peu de besoins, il était donc véritablement riche.

Les premiers peuples furent contraints par la loi naturelle la plus inviolable, *la nécessité*, de se diriger vers l'éducation des bestiaux, l'agriculture et la population : c'est une vérité constante. Aussi quand on a vu dans la suite les Germains et les Tartares, préférer le métier de brigands à celui d'agriculteurs, c'est parce que leurs voisins leur présentaient des richesses faciles à conquérir par les armes, et que, par un sentiment de paresse naturel à l'homme, ils trouvaient qu'il était moins pénible d'exercer la guerre, que de se livrer aux travaux de la culture.

Montesquieu a dit : *L'homme pouvait à tous les instans oublier son créateur : Dieu l'a rappellé à lui par les lois de la religion* (1).

Il pouvait à tous les instans s'oublier lui-même ; les philosophes l'ont averti par les lois de la morale.

Fait pour vivre dans la société, il pouvait oublier les autres ; les législateurs l'ont rendu à ses devoirs par les lois politiques et civiles.

Montesquieu aurait dit avec plus de vérité : la puissance éter-nelle, en donnant à l'homme la sensibilité et l'intelligence, a mis à sa disposition tous les moyens d'arriver au bonheur.

La religion, la morale et les lois sont le développement de ces moyens.

L'homme veut-il s'en écarter ? il est forcé d'y revenir, parce

____

(1) L. 11, c. 1. Esprit des L.

qu'il a pris une marche contraire à sa nature et qui le conduirait à sa destruction.

Il en est de même des peuples! abandonnent-ils les élémens naturels de leur conservation pour se livrer à des systêmes? ils sont forcés de revenir sur leurs pas, et périssent s'ils persévèrent. Ces vérités sont appuyées sur des faits incontestables, il suffit d'en indiquer quelques-uns.

Les manufactures et le commerce sont la source des richesses des puissances maritimes : Carthage oubliant ce principe, a voulu porter ses armes sur le territoire romain et devenir conquérante ; Carthage a péri.

L'agriculture est la base de prospérité des puissances continentales : aussi les Assyriens, les Perses, les Romains ont-ils vu leur décadence commencer au moment où l'agriculture a cessé d'être leur principale occupation ; et si les Russes aujourd'hui se placent au rang des plus redoutables puissances, c'est que la population et l'agriculture sont les sources fécondes de leur grandeur.

Le prince Russe possède, par concession de son gouvernement ou par acquisition, une étendue de pays. Pour qu'elle lui soit profitable, il faut qu'il la fasse cultiver ; il faut pour qu'elle soit très-productive, que des bras nombreux se livrent à la culture des terres. Le prince Russe est donc forcé de diriger les serfs qu'il possède vers l'agriculture ; il est forcé de satisfaire à tous leurs besoins, et de les traiter avec ménagement pour qu'ils puissent se conserver, travailler utilement et augmenter son revenu par la propagation. Le serf est donc heureux, car il ne peut être occupé que du soin de remplir la tâche qui lui est imposée et du soin plus doux d'aimer sa femme et de veiller à la conservation de ses enfans : s'il ressent quelquefois la douleur d'être né dans la servitude, il a l'espoir d'en sortir par un travail assidu et intelligent qui lui en offrira les moyens par les économies annuelles que les lois lui permettent de faire (1).

---

(1) Il y a deux sortes d'impôts en Russie, l'impôt impérial dont sont grevées les propriétés foncières et qui consiste à payer une somme indiquée par chaque mâle (les femmes ne sont point comptées dans les dénombremens).

Le second est le prix de fermage que le paysan paye à son seigneur. Il n'y a pas de petites

Si avec le système de l'esclavage un peuple devient aussi puissant, s'il est heureux, si les crimes sont presqu'inconnus chez lui, comme la Russie le prouve, il est évident sans doute qu'une nation libre dont la législation favoriserait la population, l'agriculture, les manufactures et le commerce intérieur, s'élèverait au plus haut degré de bonheur et de prospérité, quand même la Chine dont le système d'Economie politique est fondé exclusivement sur ces principes, n'offrirait pas la preuve irrécusable de ce que j'avance.

M'objectera-t-on que les Assyriens et les Egyptiens, ces colosses si terribles, ont disparu de la surface de la terre comme les républiques Grecques !

Je réponds : l'Assyrie fut épuisée par les conquêtes de Ninus et de Sémiramis, l'Egypte par celle de Sésostris; et, si l'on a dit avec quelque fondement *que Babylone dans son plus grand éclat ressemblait à une fleur qu'on admire un jour et qu'on ne trouve plus le lendemain* (1), on peut ajouter que cette fleur a été desséchée par Nabu-Kolassar et les autres souverains qui firent des Babyloniens une nation guerrière : en effet l'agriculture, l'indice le plus certain de la prospérité et de la félicité d'un peuple, a dû nécessairement être négligée pendant la guerre; et, comme la population est en raison de la prospérité de la culture, il est certain que les conquêtes, en frappant la population dans sa source, en détournant de l'agriculture et du commerce intérieur, ont perdu ces Empires puissans, de même que, par la suite, elles furent la cause de la ruine de Rome.

La population, l'agriculture, les manufactures et le commerce intérieur, doivent donc fixer d'abord les regards du législateur : s'il s'écarte de ces notions simples et sûres, c'est sur lui seul que doit peser l'accusation terrible d'être l'artisan des malheurs publics.

Quels résultats féconds ne produira pas au contraire la sage direction des hommes vers ces sources intarissables de prospérité?

---

propriétés en Russie ; un seigneur achète un village entier et il n'y a jamais de démembrement.

(1) Hist. Univ. t. VIII, p. 54.

Le peuple dont la subsistance est assurée, dont tous les besoins
sont remplis, verra les crimes, ces hideux enfans du besoin et de
l'oisiveté, disparaître à l'aspect de l'abondance et des prix accordés
au travail ; la puissance nationale fondée sur la population (1), la
culture des terres, la prospérité des manufactures et du commerce,
aura cette stabilité que ne peuvent jamais procurer ni le système
insensé des conquêtes, ni la possession fugitive et stérile des mines
d'or et d'argent ; enfin la morale et la civilisation feront de grands
progrès, car un peuple laborieux et heureux se civilise en épurant
ses mœurs.

(1) Un des dogmes de la religion des Mages, alors la religion des Perses, enseignait que
rien n'était plus agréable à la divinité, que de produire son semblable, de cultiver un champ,
de planter un arbre. Voyez Filangieri, Sc. de la leg.

CHAPITRE IV.

De l'homme considéré dans ses besoins moraux.

Dans l'homme physique on trouve nécessairement deux grandes classifications : celle des individus robustes et celle des individus faibles. On distingue aussi dans l'homme moral deux individus différens, l'individu intelligent et celui qui ne l'est point, et dans l'homme en société celui qui sait et celui qui ignore.

Il existe donc une sorte d'esclavage établie par la nature même des choses, puisqu'une portion du genre humain est placée dans la dépendance de l'autre.

C'est pour détruire autant qu'il est possible cette inégalité entre les hommes, que les philosophes ont eu recours aux lois politiques et aux lois civiles (1).

Ces lois se distinguent en *lois constitutionnelles*, qui déterminent la forme organique du gouvernement ; en *lois politiques*, qui tracent les droits que les citoyens peuvent avoir à partager les bénéfices et l'honneur du commandement (*jus civitatis* chez les Romains) et règlent par forme d'exception les matières rurales, commerciales, maritimes, militaires, fiscales, etc.

En lois civiles, qui établissent les droits réciproques des citoyens entr'eux, *jus quiritum*, et la manière de procéder pour les réclamer avec utilité.

En lois criminelles, qui tracent les rapports de l'homme avec la loi, maintiennent la tranquillité dans l'Etat et garantissent la sûreté des individus par une sage application des peines.

Enfin en lois de police, établies plutôt pour prévenir que pour punir les délits.

---

(1) Montesquieu dit précisément le contraire.

Sitôt que les hommes sont en société, ils perdent le sentiment de leur faiblesse, l'égalité qui était entr'eux cesse et l'état de guerre commence. C. 3, l. 1.

Ces lois doivent avoir entr'elles une identité parfaite, **car sans**
cela elles seraient sans force et nécessairement méprisées ; c'est-là
ce qui prouve la nécessité où se trouve le législateur d'avoir toujours
devant les yeux la théorie complette de l'organisation sociale.

On range dans la division des lois politiques les lois commerciales, rurales, etc., parce qu'elles s'éloignent des principes consacrés dans la législation purement civile.

Par exemple, *en matière civile*, c'est presque toujours la chose
que l'on suit ; en matière de commerce, c'est la personne ; en *matière civile*, ce n'est qu'à la requête du ministère public qu'un
individu peut perdre sa liberté. En *matière de commerce*, c'est
à la requête d'un autre individu envers lequel le premier s'est per-
sonnellement obligé.

Il est évident que, dans cette hypothèse, le ministère public
pour assurer le crédit et donner au commerce le mouvement rapide
qui lui convient, cède aux particuliers une partie de sa puissance.

Cette disposition est motivée sur l'intérêt public : en effet, *les
transactions commerciales, comme l'a dit Montesquieu, sont peu
susceptibles de formalités ; ce sont des actions de chaque jour
que d'autres de même nature doivent suivre chaque jour ; il faut
donc qu'elles puissent être décidées chaque jour.*

Les lois doivent tendre au triomphe de la justice, qui est la constante et perpétuelle volonté de rendre à chacun ce qui lui est dû (1).

Elles sont affermies par la jurisprudence, science basée sur la
connaissance exacte du juste et de l'injuste, ainsi que sur celle
des rapports de l'homme avec la divinité et des rapports des hommes
entre eux (2). Aussi les préceptes de la jurisprudence se réduisent-
ils à vivre honnêtement, c'est-à-dire d'une manière convenable
aux mœurs et aux lois, à ne point offenser les autres dans leur
personne, leurs biens, leur honneur, et à rendre à chacun ce qui
lui appartient (3)

---

(1) Justitia est constans et perpetua voluntas jus suum cuique tribuendi. Ins. l. 1, t. 1.

(2) Jurisprudentia est divinarum atque humanarum rerum notitia, justi atque injusti scientia. Id. q. s.

(3) Juris præcepta sunt honestè vivere, alterum non lædere, suum cuique tribuere. Iust. l. 1, t. 1.

L'étude de la jurisprudence est considérée sous quatre points de vue.

La connaissance des rapports qui existent de nations à nations, c'est ce qui constitue le *droit public général;* celle des rapports des citoyens ou des sujets avec ceux qui sont chargés de diriger l'administration publique, c'est ce que l'on nomme *le droit public spécial.* La connaissance des rapports des citoyens ou des sujets entr'eux, c'est ce qui constitue le *droit civil.* La connaissance des cas où l'homme se rend coupable d'attentat à l'ordre de la société , d'attentat à la vie, à l'honneur, aux propriétés des citoyens, ou d'offense à la loi, c'est ce qui établit le *droit criminel.*

Le droit dans le sens le plus étendu, est cette lumière de la raison qui régit également les hommes de tous les tems et de tous les pays.

Il dirige à-la-fois l'instinct et l'intelligence de l'homme. Il le considère tantôt dans le cercle étroit de la famille, tantôt dans la masse des peuples et présente ces règles simples et sublimes qui ont fait l'admiration de tous les siècles.

Ainsi, de l'instinct qui le porte vers la femme au soin qu'il prend de ses enfans; de l'éducation de ceux-ci à la bienveillance qu'il marque à ce qui l'entoure ; de ce sentiment intérieur qui le rend compatissant pour le malheur,. ou reconnaissant pour les bienfaits, à celui qui le place au rang des êtres supérieurs, en lui faisant immoler toutes ses passions au besoin de servir l'amitié, la justice ou la patrie ; une seule et même impulsion dirige l'homme et le soutient.

Peu-à-peu il se défait des liens qui semblent le fixer à la terre, pour prendre un essor glorieux. Il quitte les forêts pour habiter les villes ; il brise sa massue meurtrière , pour saisir un pinceau ; il foule aux pieds la haîne et ne voit dans celui qui l'outrage qu'un malheureux qui s'égare et qu'il faut plaindre.

C'est ainsi que l'homme, dans sa marche d'Occident en Orient, du Nord au Midi, s'est peu-à-peu perfectionné ; c'est ainsi que l'on a vu la raison universelle se former, se développer, s'étendre, se réduire à des principes simples, positifs, identiques.

Les Chaldéens, les Egyptiens, les Perses, ont en quelque sorte ébauché la statue ; les Grecs lui ont donné des formes ; les Romains l'ont embellie , et elle est arrivée après toutes les révolutions dont l'Afrique, l'Asie et l'Europe ont été le théâtre, dans l'état où nous la possédons aujourd'hui.

Ouvrez le livre des siècles, vous y verrez les peuples consacrer lesmêmes principes.

En Chine, Confucius (1), proclame que *ce qu'il y a de céleste dans l'homme, est la raison, et que les quatre règles principales, que l'homme qui tend à la perfection doit s'efforcer d'observer, consistent à conserver pour son père la même soumission qu'il exige de ses enfans ; pour le gouvernement de l'Etat, la fidélité qu'il recherche dans ceux qu'il emploie ; pour les hommes plus âgés que lui, le respect qu'il réclame de ceux qui lui sont inférieurs en âge ; et pour ses amis, le zèle qu'il attend de leur bienveillance quand il s'agit de servir ses propres intérêts* (2).

En Egypte, vous entendez de la bouche même de l'officier des funérailles, les préceptes qui doivent diriger la conduite des hommes vertueux.

« *J'ai servi*, dit cet officier, au nom du mort, *j'ai servi religieusement tant que j'ai été dans ce monde, les dieux que mes parens m'avaient fait connaître ; j'ai toujours honoré ceux qui ont engendré mon corps ; je n'ai tué personne, je n'ai point retenu de dépôt, je n'ai point commis d'autre crime inexpiable* (3) ».

Les philosophes Persans vous tracent ces belles maximes : *faites aux hommes la même chose que vous voudriez qu'ils fissent envers vous ; n'offensez personne par votre langage, mais entretenez par votre bonté la société avec les hommes* (4).

« *Faites votre tâche de suivre la vérité, sans aucune altération, recherchez-la avec soin ; car elle perfectionnera votre ame. De tout ce que Dieu a créé, rien n'est meilleur que la vérité* (5).

----

(1) Autrement cum fuçu.

(2) Bibli. uu. t. 7, p. 420 à 427.

(3) Porphire de absti entia, l. IV , n. 10. juxta versionem Euphanti ex linguâ Egyptiacâ. Voyez Marsham, p. 156.

(4) Ssadder. Port. 68. — (5) Id. 62.

« *N'offensez*

« *N'offensez pas votre père qui vous a élevé, ni votre mère qui vous a porté neuf mois dans son sein, ni le ministre qui vous a instruit des maximes de la bonté et de la vertu* (1) ».

Instruisez les enfans..... celui qui vit dans l'ignorance, ne connaît ni Dieu, ni la religion (2).

L'histoire de tous les peuples et de tous les tems présente les mêmes pensées; ici Socrate enseigne que l'ame est immortelle, que les hommes doivent travailler à se dépouiller de leurs passions et de leurs vices, pour être identiques avec Dieu.

Là, le législateur de Locres, Zaleucus (3), proclame que tout homme doit reconnaître l'existence des Dieux, qu'il doit s'efforcer d'être bon ; qu'il ne doit jamais abandonner sa patrie pour aller vivre dans une terre étrangère, parce que rien ne doit nous être plus cher que notre patrie.

Plus loin, le législateur de Thurium, Charondas, prescrit d'invoquer l'Être Suprême, soit dans sa patrie, soit dans une terre étrangère ; de regarder comme des crimes l'irréligion, les injures volontaires faites aux parens, l'avilissement prémédité des magistrats et des lois, ainsi que le mépris pour la justice (4).

Rendez à chacun ce qui lui appartient (5), vous disent les oracles de la religion chrétienne; faites pour les autres ce que vous desireriez qu'ils fissent pour vous (6). S'il y a quelque chose de vrai, de pudique, d'aimable; s'il y a quelque chose qui conduise à une bonne réputation, qui ajoute à vos sentimens vertueux, ou vienne embellir la morale, que ce soit-là l'unique objet de vos pensées (7).

C'est ainsi que tous les sectaires, tous les philosophes, tous les législateurs anciens et modernes, comme s'ils se fussent réunis dans le même lieu et à la même époque, ont professé d'une manière uniforme cette doctrine céleste qui compose le droit naturel.

---

(1) Port. 44. — (2) Port. 55.

(3) Dans sa déclaration des devoirs du citoyen.

(4) Déclaration des devoirs du citoyen.

(5) S. Paul. ad Romanos, c. 13, reddite ergo omnibus debita.

(6) Omnia ergo quæcumque vultis ut faciant vobis homines et vos facite illis. S. Math. c. 7.

(7) Fratres, quæcumque sunt vera, quæcumque pudica, quæcumque justa, quæcumque amabilia, quæcumque bonæ famæ, si qua virtus, si qua laus disciplinæ, hæc cogitate. S. Paul. ad Philip.

Mais, dira-t-on, les préceptes sont infinis? Non, sans doute : ceux qui appartiennent aux grandes choses et aux choses nécessaires sont en petit nombre; les nuances qui les distinguent tiennent aux lieux, aux tems, aux personnes (1), et comme l'a dit Cicéron, il n'a jamais existé de nation où l'on n'ait pas chéri la bonté et la reconnaissance; où l'on n'ait point détesté l'homme superbe, malfaisant, cruel ou ingrat (2). Cette uniformité dans la manière de considérer les actions humaines prouve sans doute que l'homme porte dans lui-même le sentiment vrai de la justice et que le droit naturel est le seul qui ait une base fixe et invariable.

Si l'on m'objecte que chacun l'interprète à sa manière et qu'au milieu du vague des opinions il est facile de se tromper, je répondrai avec Confucius, que c'est par le défaut d'examen; car la règle des devoirs étant intimément unie à l'homme, les actions naturelles lui seraient conformes, si on la connaissait; mais il en est de ceci comme de boire et de manger; quoiqu'on mange tous les jours, il y a peu de gens qui aient le discernement juste à l'égard des saveurs et qui soient capables de bien juger de la qualité et de l'effet des viandes et des breuvages (3).

La simplicité des principes en facilite l'intelligence : portez vos regards sur la multitude, vous verrez ses actions faire l'application constante des préceptes que les philosophes rassemblent si péniblement; vous la verrez se conduire selon les lumières de la raison, quoique sa raison ne soit point éclairée par l'étude, et vous la trouverez quelquefois supérieure aux hommes célèbres, parce qu'elle ne sait précisément que ce qu'il faut savoir (4).

Répétons avec le moraliste Chinois : « la règle de la raison, qui

______

(1) Infinita, inquis, præcepta sunt? Falsum est; de maximis ac necessariis rebus, non sunt infinita, tenues autem differentias habent quas exigunt tempora, loca, personæ, sed his quoque dantur præcepta generalia sequi. *Ep. XCIV, apud Senecam.*

(2) De Legib. l. 1, c. 11.

(3) Biblioth. Univ. t. 7, p. 423.

(4) Vulgus interdum plus sapit quia tantùm quantùm opus est sapit. Lact. Inst. Div. l. 5, 6, 5, n°. 4, éd. Cellari.

» comprend les devoirs réciproques d'un roi et de ses sujets ; d'un
» père, d'une mère et de leurs enfans ; d'un mari et de sa femme ;
» des jeunes gens et des vieillards, des amis et de tous ceux qui
» ont commerce ensemble, n'est point au-dessus de la portée de
» chaque particulier ; mais les maximes que certaines gens se for-
» gent, qu'ils font passer pour sublimes et au-delà de nos forces,
» tels que sont certains principes étranges, abstrus et qui ne con-
» viennent pas à ces cinq sortes de personnes, ne peuvent point
» être comptées entre les règles de la raison ».

Pour établir la solidité de cette assertion passons au développement des règles générales des diverses espèces de droit.

CHAPITRE V.

Du Droit civil.

RÈGLES GÉNÉRALES.

I. LE droit civil consiste dans les règles particulières que les nations se sont appliquées.

II. La règle est une application précise et générale du principe qui décide la cause (1) ; elle n'a de force que dans son application directe (2). Elle a pour but de résoudre, par une seule décision, plusieurs difficultés qui doivent être levées par un même principe de raison (3).

III. Ce n'est pas de la règle que vient le droit; c'est du droit en lui-même que la règle tient son origine (4) et sa puissance.

IV. Le droit est le fonds de la décision dont la règle n'est que la forme (5).

V. Celui-là est bien fondé en droit qui a la règle pour lui, si ce n'est que la partie adverse n'établisse, par des raisons meilleures, que la règle dont il se prévaut n'est pas applicable au fait (6).

VI. Celui qui avance une proposition contraire aux règles de droit, ne doit pas être entendu (7).

VII. Il n'est permis de s'éloigner de la règle que lorsqu'il se trouve

---

(1) Regula est quæ rem quæ est breviter enarrat. D. Liv. I. de div. reg. jur.

(2) Regula quasi causæ conjectio est quæ simul in aliquo vitiata est, perdit officium suum. *Sabinus.*

(3) Regula est brevis et generalis sententia quà plures casus sive species unicà decisione terminantur ex identitate rationis quà rem de uno negotio trahit ad aliud simile.

(4) Non ex regulà jus sumatur, sed ex jure quod est, regula fiat. D. Liv. I. de div. reg. j.

(5) Jus, ipsa est æquitatis materia, regula est ejus quasi forma et adaptatio. *Joan. Ramus.*

(6) Qui regulam pro se habet transfert onus probandi in adversarium et fundatam habet suam intentionem. Liv. V, s. de probation. et præsump.

(7) Actor qui contra regulam quid adduxit, non est audiendus.

en quelque autre texte du droit, une décision expressément contraire (1).

VIII. Toute règle a ses exceptions (2).

IX. Lorsque le fait dont il s'agit n'est pas dans le cas de l'exception, la règle conserve toute sa force (3).

X. La théorie de la science du droit civil se compose du texte des lois, des ordonnances des magistrats supérieurs, des avis des hommes célèbres qui ont écrit sur la matière, de l'autorité des jugemens, ainsi que des usages (4) que le tems a consacrés. Toutes les lois civiles ont pour objet les *personnes,* les *choses* et les *actions* (5).

XI. Il faut distinguer les personnes en deux classes, celles qui jouissent de la plénitude de leurs droits, celles qui sont soumises aux droits d'autrui.

Ces dernières sont en la puissance de leurs parents ou des personnes qui les représentent.

Elles peuvent être aussi sujettes à la volonté de leurs maîtres, soit comme esclaves, soit autrement, suivant les lois politiques.

XII. Trois grandes époques constituent l'état des personnes, *la naissance, le mariage, le décès.*

L'inscription sur les registres publics prouve que l'individu existe et par qui il existe, ce qui conduit à connaître sa filiation, conséquemment ses droits comme héritier direct ou collatéral.

Le mariage perpétue l'espèce, réunit légalement les familles, les identifie et consacre un ordre particulier de succession.

La mort rompt les liens qui unissent l'homme à la société ; elle laisse, après lui, la transmission de ses droits réels.

La naissance, le mariage et le décès sont donc, en droit civil, les actes qu'il est plus important de constater avec régularité.

---

(1) A regulâ non est recedendum, nisi contrarium expressè reperiatur in jure.

(2) Omnis regula patitur suas exceptiones.

(3) Exceptio firmat regulam in contrarium.

(4) Consuetudo aut rerum perpetuò similiter judicatarum autoritas. — Peri judicio contradictoriò firmata tritura. — Nam diuturni mores consensu utentium comprobati legem imitantur. Ins. Lib. I, t. 2. Optima legum interpres consuetudo. Lib. 38, de interpr. §. de leg. s. c. et long. consuet.

(5) Omne autem jus quo utimur vel ad personas pertinet, vel ad res, vel ad actiones. Inst. L. t. 2, §. 12.

XIII. Il ne peut être dérogé par des actes particuliers aux lois qui intéressent l'ordre public ou les bonnes mœurs (1).

XIV. En matière de législation civile, c'est une seule et même chose de savoir, d'avoir pu savoir, ou d'avoir dû savoir (2) : aussi, — l'ignorance du droit n'est-elle pas une excuse (3).

XV. Les lois sont établies pour tous, et non pour chacun en particulier (4) ; on peut par un acte particulier, renoncer au bénéfice d'une loi qui consacre des intérêts privés (5).

XVI. Celui qui ne peut point disposer de ses biens, peut encore moins disposer de sa personne.

XVII. Tout vendeur doit garantir.

XVIII. La perte et le gain doivent être partagés entre les associés d'une même entreprise.

XIX. L'emprunteur doit avoir soin de la chose prêtée.

XX. Celui qui n'a ni assez d'âge ni assez d'expérience pour pouvoir traiter, ne peut être considéré comme ayant acquiescé à des engagemens qui lui sont nuisibles.

XXI. Les lois sont abolies tacitement ou expressément. Expressément, par une loi spéciale ; tacitement, par une loi postérieure qui y déroge (6).

XXII. La faveur est accordée à l'antériorité du titre, *qui prior est tempore, potior est jure.*

XXIII. La provision est due au titre.

XXIV. Un acte, ne peut être opposé à ceux qui n'y ont pas été parties.

— Doit avoir la forme qu'ordonne la loi ;

— S'interprète par sa substance, l'intention des parties, et les faits qui l'ont suivi plus que par son nom, ses termes ou sa forme (7).

---

(1) Jus publicum privatorum pactis mutari non potest.
(2). Idem est scire, aut potuisse, aut debuisse.
(3) Ignorantia juris non excusat.
(4) Leges generaliter constituuntur et non in singulas personas.
(5) Contra tenorem legis privatam utilitatem continentis, pascisci licet.
(6) Posteriores leges, prioribus si contrariæ sint, derogant.
(7) *Voyez* Cochin, tom. I, pag. 619. — II, 659. — IV, — 11. — V, 215, 327. — VI, 155.

XXV. Les protestations contre les actes sont radicalement nulles du moment qu'elles ne sont pas appuyées sur des faits décisifs qui établissent qu'ils sont les fruits de la violence ou de la fraude.

XXVI. Tout acte reçu par un officier sans pouvoir est radicalement nul.

XXVII. La nullité absolue d'un acte détruit l'aveu de ce qu'il contient ; la nullité relative au contraire laisse l'aveu dans toute sa force.

XXVIII. Toute action doit être fondée en fait ou en titre.

XXIX. L'action en garantie n'appartient qu'à celui qui a l'action directe.

XXX Un acte se révoque autant par un fait que par un écrit.

XXXI. Toutes les causes se jugent par la raison, la loi et l'usage.

XXXII. Dans l'interprétation des lois, il faut en examiner le motif ; car le style n'en est que la forme, et le motif en est l'ame et la substance (1).

XXXIII. Il faut en expliquer les termes obscurs ou ambigus par l'usage et par l'autorité de la chose jugée (2).

XXXIV. Les dispositions qui sont faites en faveur de la chose publique, s'interprètent toujours favorablement.

---

(1) Scire leges, non est verba earum tenere, sed vim ac potestatem. L. Scir. leg. S. C. et long. consuet.

(2) In ambiguitatibus quæ ex legibus proficiscuntur, consuetudinem aut rerum perpetuó similiter judicatarum vim legis obtinere Severus rescripsit. L. 38.

CHAPITRE VI.

Du Droit criminel.

RÈGLES GÉNÉRALES.

I. LA première des vérités dont il faille se pénétrer, c'est que la loi doit plutôt prévenir, par de sages dispositions, les délits, que chercher à les punir.

II. Il faut donc que le législateur criminaliste, d'accord avec celui qui a rédigé les Codes politique et civil, dispose tout de manière que ces trois ouvrages se prêtent un appui mutuel.

La solution du problème est de faire en sorte que la loi punisse sans avoir aucun des caractères de la vengeance.

III. Le droit de faire les lois en général et les lois pénales en particulier n'appartient qu'au législateur qui représente toute la société unie par le contrat social.

IV. Toutes les fois qu'il existe un délit, le ministère public doit le dénoncer et non le juger ; ainsi il se forme nécessairement trois classes qui s'occupent d'une même chose, le ministère public qui accuse, le prévenu qui nie et le juge qui décide ce qu'il doit admettre comme vrai.

V. Le juge criminel ne doit jamais interpréter la loi mais en référer aux législateurs, ou l'appliquer quand elle est claire et précise ; et quand il l'interprète, c'est toujours en faveur de l'accusé.

VI. Il faut que les lois soient claires et publiées dans la langue vulgaire, pour que chacun soit retenu par la connaissance qu'il reçoit de la punition qui lui sera infligée dans le cas de transgression.

VII. La crédibilité des témoins doit être appréciée d'après l'intérêt qu'ils ont à dire ou à taire la vérité.

VIII. Il ne faut jamais promettre l'impunité au complice d'un grand crime, quand même il devrait révéler ses compagnons ; car, dans ce cas, la loi ferait un pacte avec le crime.

Le

IX. Le juge ne doit aucune croyance à l'homme flétri ou devenu complice d'un crime.

X. La punition doit être prompte, analogue au délit et publique.

XI. Les crimes se partagent en trois classes, 1°. attaque directe et immédiate de l'ordre de la société ; 2°. attentat à la vie, à l'honneur, aux propriétés des citoyens ; 3°. offense à la loi.

XII. Il y a des crimes que le législateur peut facilement prévenir : l'enfanticide serait inconnu dans la société, si la jeune personne qui a succombé n'était point entachée d'infamie, et si son séducteur était forcé de s'unir à elle, ou de lui faire une réparation publique (1).

Ainsi, l'adultère serait presqu'ignoré si l'on souffrait peu de célibataires, ou si les lois déployaient contre ce délit anti-social la sévérité convenable (2).

XIII. La loi criminelle ordonne, défend, permet, punit.

Elle distingue l'erreur, la faute, le délit et le crime.

L'erreur *est de fait ou de droit, elle est essentielle ou accidentelle, volontaire ou involontaire :*

De fait, quand nous nous trompons sur un fait,

De droit, quand nous méconnaissons le sens de la loi,

Essentielle, quand elle porte sur la totalité de l'action ou de l'objet,

Accidentelle, quand elle ne se rapporte qu'à quelques parties,

Volontaire, quand notre intention nous a dirigé,

Involontaire, quand notre intention n'a pris aucune part à l'action.

La faute est l'inexécution volontaire d'une obligation imposée par les lois ou les usages, mais qui n'a pas un caractère assez grave pour armer la sévérité du ministère public.

Le délit, dans son étymologie comme dans son application, est

---

(1) Si seduxerit qui virginem necdum desponsatam dormieritque cum ea : dotabit eam et habebit eam uxorem.

Si pater virginis dare noluerit, reddet pecuniam, modò dotis quam virgines accipere consueverunt. Sainte Bible, t. 2. Exode, pag. 212.

(2) Qui expellit mulierem bonam expellit bonum; qui autem tenet adulteram nullus est magis impius. *Ibid.* prov. de Salom. p. 274.

le délaissement de la loi , c'est pour cette raison que la loi ne peut pas punir l'action qu'elle n'a pas prévue. Il serait absurde d'accuser un individu d'avoir délaissé l'exécution d'une règle qui n'existait pas.

XIV. L'ignorance de la loi détruit toute idée de délit : la jurisprudence criminelle diffère en cela essentiellement de la jurisprudence civile qui veut que l'ignorance n'excuse pas.

XV. Le délit est volontaire ou involontaire : dans le premier cas il est punissable , dans le second il est excusé.

XVI. Le crime est l'action dirigée par une intention perverse , il ne délaisse pas seulement la loi , il l'outrage.

Il a donc un caractère plus grave que le délit.

Par exemple , l'homicide est un crime si le meurtrier a eu l'intention perverse d'immoler son semblable ; c'est un délit si le meurtrier a été , malgré lui , porté à cette action.

Dans le premier cas , il délaisse la loi qui veille à la conservation des membres du corps social ; dans le second , il l'enfreint et l'outrage.

Pour qu'il y ait crime , il faut donc qu'il y ait un commencement de fait et une intention prouvée.

XVII. L'intention sans fait ou sans commencement de fait , ne peut pas être considérée comme crime , puisqu'une pensée sage a pu bannir la pensée perverse qu'on avait d'abord.

Aussi a-t-on toujours regardé comme des meurtriers les juges qui , sans preuve de fait ou de commencement de fait , osèrent pénétrer dans le sanctuaire des consciences , et condamner sur ce que l'accusé avait dû penser ou projetter le crimé dont il était prévenu.

XIX. Il résulte de ces principes que l'intention doit toujours être présumée favorablement à l'accusé ;

XX. Qu'il faut non-seulement un acte extérieur pour qu'il y ait crime, mais aussi qu'il y ait une volonté manifeste de faire le mal.

On considère comme n'ayant pas cette volonté, les enfans qui n'ont point encore atteint l'âge de raison, *les imbécilles , les foux, les furieux , les individus frappés de crainte ou portés à la violence par une impulsion irrésistible.*

Plutarque rapporte que Denis fit mourir un certain Marsias parce que celui-ci avait rêvé qu'il lui coupait la gorge, et sous le prétexte qu'il n'y eût point songé la nuit s'il ne l'avait pas prémédité le jour.

Denis était un tyran, et le fait que je viens de rapporter suffirait pour rendre sa mémoire éternellement exécrable.

XXI. La plainte ou l'accusation s'instruit aux frais de la partie plaignante lorsque le ministère public s'est désisté, et au frais du fisc seul dans le cas contraire (1).

XXII. La plainte pour violation d'un dépôt volontaire, n'est pas recevable (2).

XXIII. Il faut avoir une qualité certaine pour rendre plainte (3).

XXIV. L'intérêt doit être regardé comme la mesure des accusations.

---

(1) Arrêts de 1560, 1564, 1571, 1588. — *Voyez* Néron sur l'article 56 de l'Ordonnance d'Orléans. — Ordonnance criminelle 1670, tome I, art. 6.

(2) Arrêt du 16 mai 1826. Journal des Aud. liv. I, — Ordonnance de 1667, tome XXXIV, art. 4.

(3) Cochin, tome II, page 389.

CHAPITRE VII.

Droit politique, autrement Droit public spécial.

RÈGLES GÉNÉRALES.

I. Vivre conformément à sa nature, se perfectionner pour se conserver, tels sont les devoirs d'une nation envers elle-même.

II. Se bien connaître, tel est l'élément de sa conservation.

III. L'autorité publique chez les nations dirige les affaires générales; le mode pour l'exercer et l'étendue du pouvoir que possèdent le prince ou les magistrats entre les mains desquels elle est remise, résultent de la constitution de l'Etat.

IV. La nation qui, par le droit naturel, acquiert la faculté de se diriger comme elle le juge convenable à l'égard des peuples étrangers reçoit, par une conséquence du même principe, le droit de s'imposer les lois qui lui conviennent.

V. Elle peut donc à son gré réformer son gouvernement et changer sa constitution; les puissances étrangères ne sont fondées à s'y opposer qu'autant que la nouvelle organisation qu'adopte cette même nation, tend à leur destruction spéciale.

VI. Les devoirs des magistrats suprêmes sont de maintenir et d'exécuter les lois; le devoir des citoyens est de s'y soumettre, et leur droit de résister à tout ordre qui y serait contraire.

VII Le premier devoir du magistrat ou des magistrats suprêmes chargés de l'honorable poids de l'autorité publique étant, comme nous l'avons prouvé, d'encourager le travail et l'industrie, et de maintenir ou procurer l'abondance, il est évident qu'ils peuvent admettre ou rejeter le commerce, l'animer ou le tolérer.

VIII Le mode d'opérer, dans ce cas, est bon si véritablement il sert l'intérêt national; dans le cas contraire, la nation elle-même a le droit sacré de se plaindre et d'exiger une réforme.

IX. Le système administratif offre donc dans ses résultats et la

base et la solution des importantes questions élevées sur les priviléges des compagnies exclusives, la balance du commerce, les doua-
nes, etc. par une conséquence naturelle de l'obligation imposée
au gouvernement de veiller à la prospérité et à la félicité publiques.

X. Les chemins, les canaux, les ponts, les fontaines, les mar-
chés, doivent fixer l'attention du gouvernement.

XI. Il doit pourvoir à ce que la monnaie soit en rapport utile avec
les monnaies étrangères, qu'il y ait peu d'intérêt à la contrefaire,
et qu'elle soit à un titre égal.

XII. Il doit assurer, par de bons réglemens, le mode, la nature
et la loyauté des échanges et du change.

XIII. L'éducation physique et l'instruction morale des enfans réclame aussi toute sa bienveillance. C'est à lui qu'il appartient de
favoriser les sciences et les arts, de fortifier les cœurs dans l'a-
mour des bonnes mœurs et de la vertu, en dirigeant sagement
les études; c'est à lui qu'il appartient enfin de rendre l'amour de
la patrie la plus solide de toutes les vertus, en resserrant les liens
de la famille.

XIV. Rendre inamovibles, à moins de forfaiture, les membres des
tribunaux dépositaires de la justice civile, criminelle et de police;
faire régler les intérêts contradictoires du fisc avec les particuliers
par les tribunaux et non par l'autorité administrative qui se trou-
verait à-la-fois juge et partie, décèle un gouvernement juste;
encourager la population, l'agriculture et le commerce, c'est le
propre d'un gouvernement qui veut assurer la félicité publique en
maintenant l'abondance au-dedans et la considération au-dehors;
consacrer en principe que les accidens de la fortune se réparent
aisément et qu'il est impossible d'éviter les événemens qui nais-
sent de la nature des choses, annoncent un gouvernement profondément éclairé (1).

XV. La liberté de conscience, celle de penser et de manifester sa
pensée, sont autant de droits sacrés; ils ne peuvent être limités
que par le seul devoir de ne pas les rendre nuisibles aux autres.

------

(1) *V.* Montesq. Esp. des lois, l. 90, chap. 13.

XVI. Comme le but de tout état est la perfection , et qu'il est impossible de se faire une idée d'une chose parfaite , à qui il manquerait l'union de ses parties et l'unité de son ensemble , la société la plus parfaite est celle qui réunit l'unité de son gouvernement et de sa législation à l'uniformité de sa croyance.

Pour parvenir à cet état de perfectibilité , il ne faut pas que les magistrats prennent d'autres moyens que ceux de la persuasion. *Quas (religiones) non metu sed eâ conjunctione , quae sunt homini cum deo , conservandas puto.* Cicer. de leg. liv. 1.

XVII. La grandeur ainsi que la puissance des Etats sont relatives : lorsqu'on a pour voisin un Etat qui est dans sa décadence , on doit bien se garder de hâter sa ruine parce qu'on est , à cet égard , dans la situation la plus heureuse où l'on puisse être , n'y ayant rien de si commode pour un prince , que d'être auprès d'un autre qui reçoit pour lui tous les coups et tous les outrages de la fortune ; il est rare , d'ailleurs , que par la conquête d'un pareil Etat on augmente autant en puissance réelle qu'en puissance relative (1)».

XVIII. Tout Etat qui conquiert doit donner aux peuples vaincus tous les avantages que les lois offrent à ses concitoyens en leur laissant leurs mœurs , *car un peuple connaît , aime et défend toujours plus ses mœurs que ses lois* (2).

XIX. Tout gouvernement tient ses pouvoirs du consentement tacite ou manifeste de la volonté générale (3).

XX. Les arrêtés ou ordonnances du gouvernement ont force de loi suivant cet ancien axiôme , *si veut le roi , si veut la loi* (4).

XXI. Tous les citoyens , sans exception , sont soumis au gouvernement (5).

XXII. Au gouvernement seul appartient de faire la guerre et la paix , de lever des contributions , de faire battre monnaie , d'accorder des graces et des priviléges (6).

---

(1) *Voyez* Esprit des lois , liv. 6, ch. 10. — (2) Esprit des lois , liv. 10, chap. 11.

(3) Loisel , l. 1 , t. 1 , reg. 2.

(4) Loisel *ibid.* regl. 1 ; Delhommeau, liv. 1 , maxime 5, novelle 105, ch. 2 , à la fin.

(5) Loisel, *ibid.* reg. 4.

(6) Grotius, de jure belli et pacis ; Lebret , *Traité de la souveraineté ;* Loisel , *ibid.* reg. 5; Delhommeau , *ibid.* q. s. max. 9, 11 , 12 , 13.

XXIII. Comme le gouvernement est le principe et le centre de toute justice, toutes les jurisdictions dépendent de lui médiatement et immédiatement (1).

XXIV. Le gouvernement de France est déféré aux mâles (2).

___

(1) Arrêts des 3 juillet 1625, 28 février 1664, 31 janvier 1674; Journal des audiences, t. 1, l. 1, chap. 61, t. 2, l. 6, chap. 16, t. 3; Dupineau, sur l'art. 62, de la coutume d'Anjou; Delhommeau, l. 1, max. 3, l. 2, max. 1.

(2) Loi salique, exécutée en faveur de Clotaire I, Philippe-le-Bel, Philippe-de-Valois, Henri IV, Loisel, tit. des fiefs, régl. 86 et 87.

CHAPITRE VIII.

Du Droit public général, autrement Droit naturel en ce qui touche les individus, et Droit des gens en ce qui touche les nations.

RÈGLES GÉNÉRALES.

I. LE droit naturel, *sous le rapport physique*, est ce que la nature a appris à tous les animaux ; tel est, par exemple, l'union de l'homme et de la femme, la procréation des enfans, leur éducation. (1) *Sous le rapport moral*, c'est ce que la raison indique de faire, comme de chérir ses bienfaiteurs, de secourir les infortunés, de défendre ses amis.

II. *Le droit des gens* résulte des principes que la raison universelle a placés identiquement parmi tous les peuples.

IV. Les principes du droit public général sont immuables.

Du droit naturel en particulier.

Le premier mouvement, la première pensée de l'homme, l'ont porté, sans doute, à la reconnaissance et le plus grand témoignage de sa nature divine est cette étendue de génie qui lui a fait appercevoir une main créatrice au-dessus de ces astres majestueux qu'il paraissait si naturel de lui voir adorer.

C'est dans cèt hommage rendu à la Divinité (2), c'est dans le noble espoir de l'immortalité de l'ame, que l'homme a trouvé la base de toutes les lois naturelles, et les motifs qui les lui font respecter.

---

(1) Jus naturale est quod natura omnia animalia docuit. Hinc descendit maris atque fœminæ conjunctio, liberorum procreatio, educatio. Inst. t. 2, l. 1.

(2) Les Sauvages du Nord se représentent *Dieu* sous la forme d'un officier de dragons russes, parce que c'est ce qu'ils ont vu de plus parfait.

Ces

Ces lois naturelles sont les règles de la conduite de l'homme, et la conduite de l'homme conformément à ces règles, est l'exécution des devoirs dont il doit s'acquitter pour remplir sa destination sur la terre.

C'est donc pour la félicité de l'homme que les principes du droit naturel lui ont été révélés.

I. Ne pas oublier sa raison au point d'adorer des êtres matériels (1), et respecter en toutes choses la puissance suprême qui régit l'univers (2), sont les premiers comme les plus sublimes principes du droit naturel.

II. Aimer, honorer, secourir son père et sa mère (3). — Ne point tuer son semblable. — Ne pas commettre d'adultère. — Ne pas voler. — Ne pas porter de faux témoignage. — Ne pas desirer ce qui appartient à autrui (4). Faire aux autres tout le bien qu'on voudrait qu'ils nous fissent ;

Tels sont les devoirs naturels de l'homme envers les autres.

III. Ils sont fondés sur le sentiment de sa conservation ; car négliger ces devoirs, c'est être en guerre avec toute la société humaine dont on provoque la dissolution.

IV. En droit naturel, la faculté de disposer de sa personne, de ses actions, de ses biens, de la manière qui paraît la plus convenable à notre bonheur, est une prérogative inhérente à la personne de chaque individu.

V. Elle a pour limites naturelles, le respect de cette même prérogative dans les autres.

C'est ce qui établit les rapports de bienveillance réciproque entre les hommes et motive la nécessité de punir ceux qui troublent l'harmonie qui ferait le bonheur de l'humanité si tous les individus usaient régulièrement de leur liberté.

---

(1) Non facies tibi sculptile neque omnem similitudinem quæ est in cœlo desuper et quæ in terra deorsùm, nec eorum quæ sunt in aquis sub terra. Non adorabis ea, neque coles. Ex. c. 20.

(2) Non assumes nomen domini tui in vanum. Ex. chap. 20.

(3) Honora patrem tuum et matrem tuam Ex. ch. 20.

(4) Non occides. — Non mœchaberis. — Non furtum facies. — Non loqueris falsum testimonium. — Non concupisces domum proximi tui, nec desiderabis uxorem ejus, non servum, non ancillam, non bovem, non asinum, nec omnia quæ illius sunt. Ex. ch. 20.

VI. La liberté naturelle a pour limites dans l'ordre social les lois et les mœurs.

VII. Elle consiste dans la juste défense de soi-même et dans le droit d'exiger des autres la même réciprocité de bienveillance, d'égards et de secours.

VIII. La juste défense de soi-même est reconnue lorsqu'il est prouvé que le péril ne pouvait être évité qu'en se portant à des moyens extrêmes et que l'agression a été repoussée en se bornant à la défense de soi-même et sans abus des moyens que la force ou le courage pouvaient fournir.

Droit des gens.

I. Une nation, un peuple ou un Etat est l'union d'une certaine quantité d'hommes qui associent leur force et leur intelligence pour s'assurer les moyens de satisfaire à tous leurs besoins physiques et moraux.

II. Cette nation, ce peuple, cet Etat, n'ayant qu'un même intérêt, cet intérêt à l'égard des autres nations, peuples ou Etats, doit être déterminé;

Soit par les règles du *droit naturel des gens*, soit par *le droit des gens conventionnel*, soit par *le droit des gens coutumier*.

Le *droit naturel des gens* est le droit naturel appliqué aux nations.

Le *droit conventionnel* est celui qui résulte des pactes ou des traités.

Le *droit coutumier* est celui qui se compose des principes que l'usage a consacrés.

III. Le *droit naturel des gens* oblige toutes les nations en général à s'y conformer.

IV. Le *droit coutumier* et le *droit conventionnel*, au contraire, règlent seulement les nations qui ont admis les usages dont le premier se compose et les pactes qui font la base du second.

Ces trois espèces de droit forment le *droit public général*.

V. Le *droit public général* est donc la connaissance des règles qui doivent diriger les individus, les nations, les peuples ou les Etats, pour que la justice assure leurs droits et leur repos.

VI. La nécessité et le but de ce recours aux règles du droit public s'explique par le besoin imposé, par la nature elle-même, aux nations de se porter un mutuel secours et de concourir ainsi au bonheur de la masse de l'espèce humaine.

VII. De même que chaque homme a reçu de la nature le droit incontestable de diriger ses actions comme il lui plaît et que cette liberté n'a de limites que le respect que nous devons à la liberté des autres, ainsi une nation qui remplit le même devoir, *est par le droit*, et en vertu de son indépendance naturelle, fondée à user comme elle l'entend de ses facultés.

Cette première loi générale *est la base* et le fondement de toutes celles qui ont rapport *au droit public*, pris dans le sens le plus étendu.

VIII. Les nations sont dans une *indépendance absolue* quand elles ne sont soumises à aucune loi étrangère ;

Dans une *indépendance relative*, quand trop faibles pour se défendre elles-mêmes, elles se placent sous la protection d'une autre nation, lui payent des tributs, ou sont *feudataires* de son gouvernement (1).

IX. Aucune nation n'a le droit de régler le mode qu'une autre emploie pour l'exercice de l'autorité publique.

X. De même qu'une nation est intéressée pour son propre salut, à fonder sa prospérité et son bonheur sur la justice, de même la société humaine est soumise à cette justice pour son bonheur et sa conservation. C'est de ce principe que découlent toutes les obligations des nations les unes envers les autres et ces obligations sont toutes réglées par le droit naturel, la coutume et les traités.

XI. Ce qui n'appartient à personne est au premier qui s'en empare ; c'est par suite de ce principe que les Anglais, les Français,

----

(1) Les nations germaniques introduisirent l'usage d'exiger des états vaincus ou trop faibles pour résister, un hommage public ; quelquefois aussi une puissance a donné des souverainetés, et des souverains se sont volontairement rendus feudataires d'un autre. Ainsi le roi de Naples, à chaque élection, fait hommage de son royaume au pape.

les Hollandais, etc., sont propriétaires des pays où ils ont pénétré les premiers.

XII. Les droits des nations étant toujours réglés, en cas de guerre, par leur intérêt et appuyés par la force, l'infraction des principes du droit public général ne peut être réprimée que par la force.

RÉSUMÉ.

Il reste démontré que les lois et la jurisprudence doivent avoir pour bases des idées simples et claires ; qu'elles se divisent nécessairement en deux parties, l'une qui a pour objet les besoins physiques de l'homme, l'autre ses besoins moraux ; et que l'excellence de leur théorie est prouvée quand les principes généraux qu'elle renferme sont consacrés par les mœurs nationales.

FIN de la Théorie de la Législation et de la Jurisprudence générale.

On trouve chez le cit. RENAUDIÈRE les Ouvrages suivans :

INTRODUCTION à la Science de l'Économie politique, ou Tableau du Système universel des lois, par *Bourbon-Busset*. Prix, 2 fr. et 3 fr. port franc.

Plaidoyer pour *Gabriel Bourbon-Busset*, contre M. *de Clermont-Tonnerre*, tuteur d'*Eugène Bourbon-Busset*, recueilli tachigraphiquement. Prix, 1 fr. 50 c. et 1 fr. 80 c. franc de port.

Tablettes historiques et géographiques françaises. Cet Ouvrage offre en même temps la galerie des hommes célèbres qui ont paru dans chaque département jusqu'en vendémiaire an 9, et celle de ceux que l'on distingue dans les différentes classes de la société. Brochure *in-8°*. de 500 pages. Prix, pour Paris, 2 fr. 50 c., et pour les départemens, 3 fr. 50 c.

Observations sur l'ouvrage de M. *Fourcroy*, membre de l'Institut national et conseiller d'état, intitulé *Système des Connaissances chimiques*, par Dom-Louis PROUST, professeur-royal de Chimie à Madrid, traduit de l'espagnol, par B. B. d. G. L. Revues par M. *Morellot*, professeur en l'École gratuite de Pharmacie, membre de la Société de Médecine et de la Société Médicale d'Émulation de Paris.

> Les Chimistes pourraient, avec fort peu de travail, avancer la science qu'ils cultivent, s'ils se donnaient la peine d'examiner avec attention les Ouvrages nouveaux que l'on publie; s'ils faisaient une critique impartiale et attentive des parties qui leur sont plus familières; s'ils ajoutaient enfin les observations particulières qu'ils ont faites, à celles de l'auteur, ils amélioreraient et perfectionneraient son ouvrage.

Brochure *in-8°*. de 100 pages. Prix, 1 fr. 50 c., et 2 fr. franc de port.

Fables nouvelles, par M. *Homont*, brochure *in-8°*. de 300 pages. Beau papier et caractère neuf. Prix, 2 fr. et 3 fr. franc de port.

Manuel pratique et élémentaire des Poids et Mesures, et du Calcul décimal, contenant les instructions les plus propres à familiariser avec la connaissance du nouveau système, et un grand nombre de tables de comparaison basée sur le mètre et le kilogramme définitifs, avec la nouvelle nomenclature. Par S. A. *Tarbé*. Nouvelle édition *in-18*, brochée. Prix, 1 fr. 50 c.; *in-24*, brochée, 75 cent.

Conférences des lois relatives au Divorce, et de leurs rapports entr'elles. Par M. *Ch. Contant*, ancien procureur au Châtelet de Paris, et défenseur-avoué près le tribunal de première instance de la Seine, 1 v. *in-8°*. de 92 pages. Prix, 1 fr. 50 c. et 2 fr. franc de port.

Comme, dans une législation naissante, tout est nécessairement hérissé de difficultés, on doit bien sans doute un tribut d'éloges à ceux qui s'occupent de les aplanir, et sur-tout à ceux qui, comme M. *Contant*, n'offrent qu'avec modestie et désintéressement le fruit de leur expérience et de leurs veilles. Cet ouvrage présente d'abord des notes historiques assez curieuses sur le divorce chez les Juifs, à Rome et en France, au commencement de la monarchie; ensuite l'analyse comparée de la loi du 20 septembre 1792 avec les lois du code sur le divorce, article par article, disposition par disposition; le tout accompagné de notes explicatives et d'observations. Vient ensuite un recueil très-ample des formules du *divorce pour cause déterminée*, également accompagné de notes.

Code civil des Français, entièrement conforme à l'édition originale; brochure *in-8°*. Prix, 3 fr., et 4 fr. 50 c. pour les départemens, franc de port.

Cette édition contient le texte pur des lois du *Code civil des Français* (composant 2281 articles); chacune de ces lois est précédée de sa date et du jour de sa promulgation; par ce moyen, l'ordre et la chronologie sont parfaitement conservés. Par la disposition des titres de chaque page, et par celle de la table, on trouvera facilement l'article desiré. La beauté du papier et des caractères ne laisse rien à desirer.

54